Matemática Divertida

Matemática Divertida

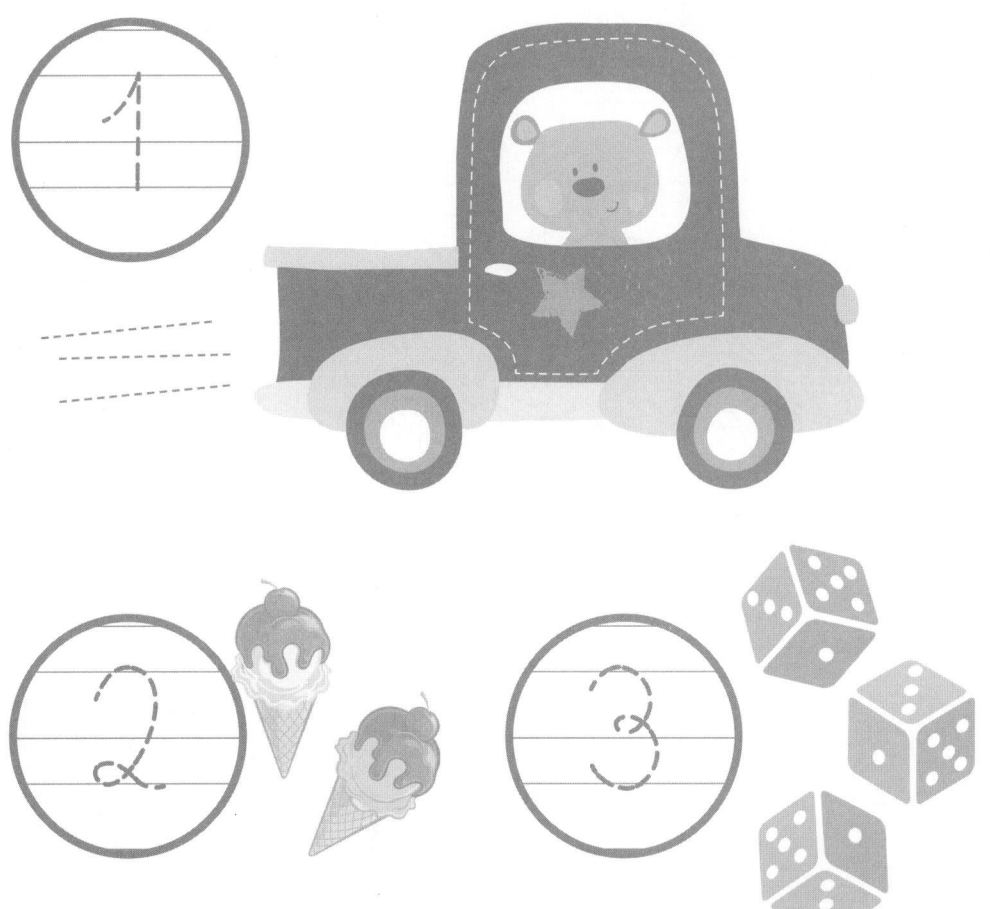

NÚMERO 1 (UM)

PINTE OS LAGOS EM QUE HÁ APENAS 1 PATINHO NADANDO.

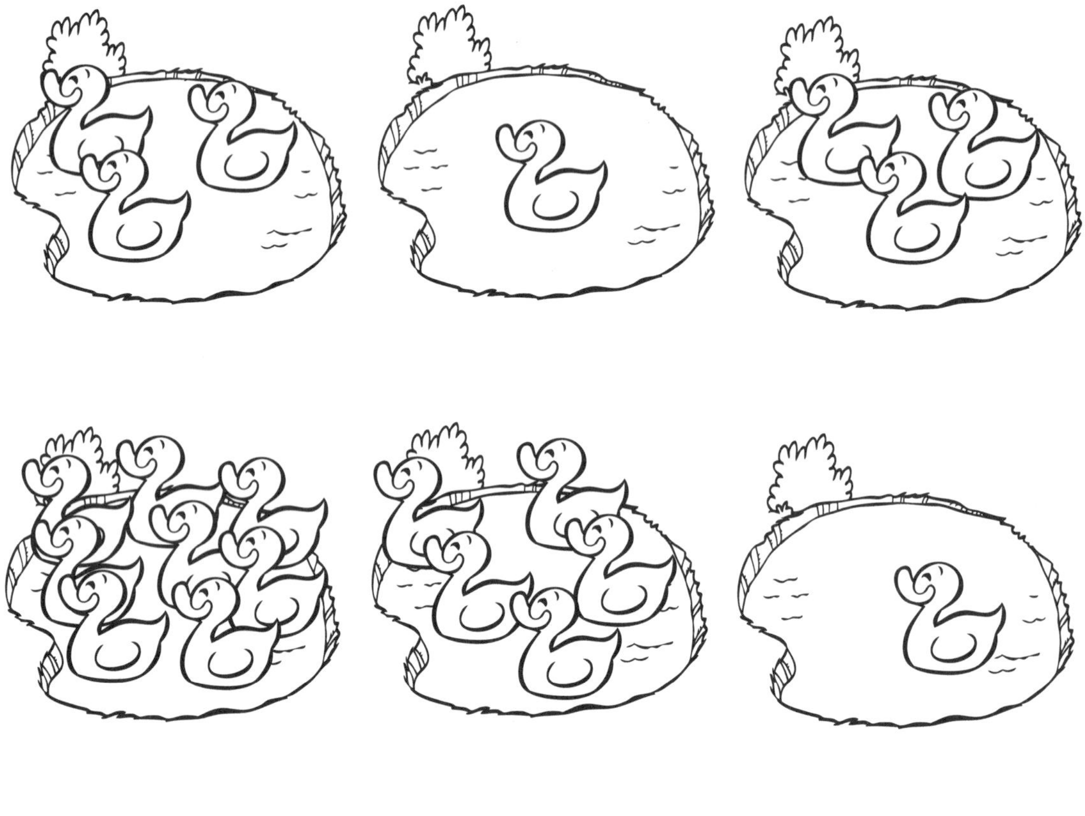

PINTAR E CONTAR

PINTE O DESENHO DOS QUADROS QUE CONTÊM SÓ 1 OBJETO.

  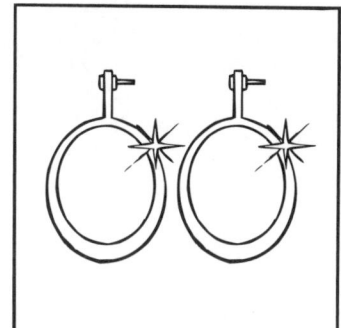

  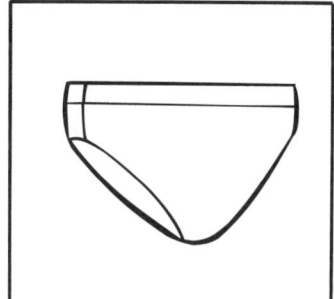

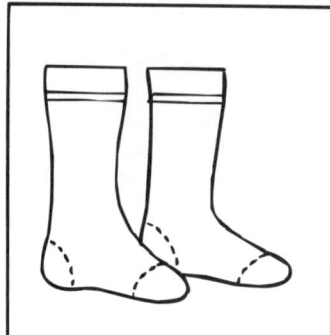 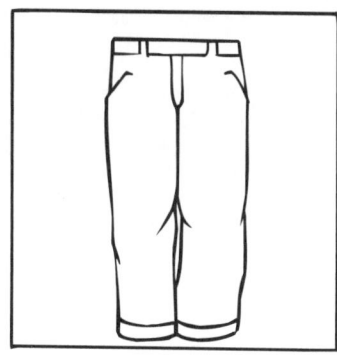 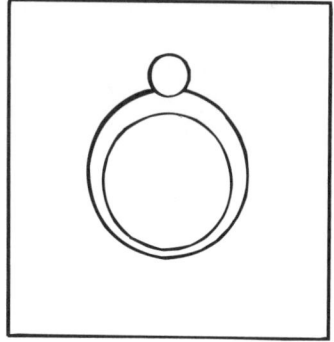

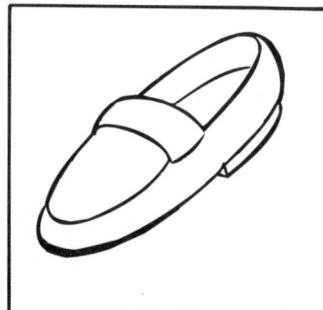  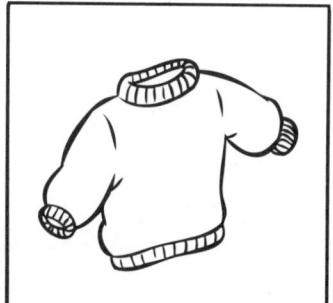

NÚMERO 1 (UM)

1 CARRO   1 ÔNIBUS   1 CAMINHÃO

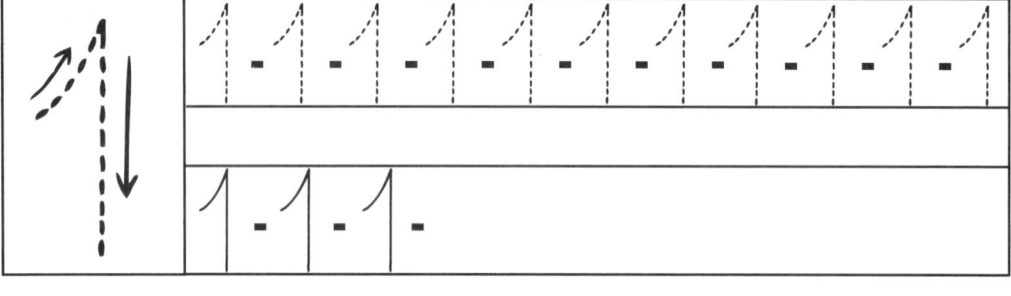

UM

NÚMERO 2 (DOIS)

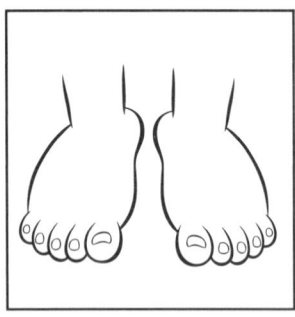  

2 PÉS   2 TÊNIS   2 CHINELOS

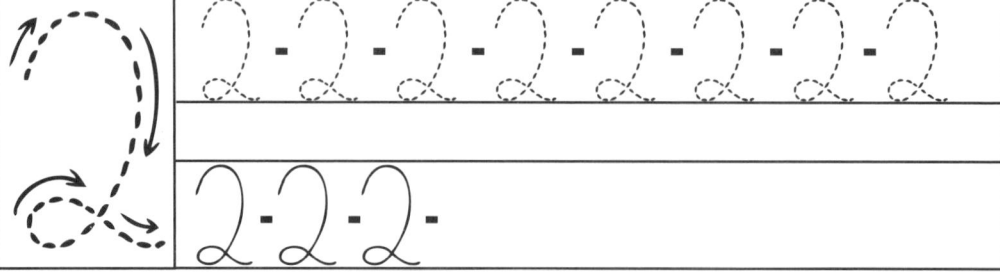

DOIS

NÚMERO 2 (DOIS)

PINTE OS CONJUNTOS EM QUE HÁ 2 ANIMAIS.

PRATICANDO

CUBRA O TRACEJADO E CONTINUE A ESCREVER OS NÚMEROS.

1

1

UM

UM

um

2

2

DOIS

DOIS

dois

QUANTOS TEMOS?

TEMOS 1 NARIZ, 1 BOCA, 2 OLHOS E 2 ORELHAS.
ESCREVA ABAIXO OS NÚMEROS INDICADOS.

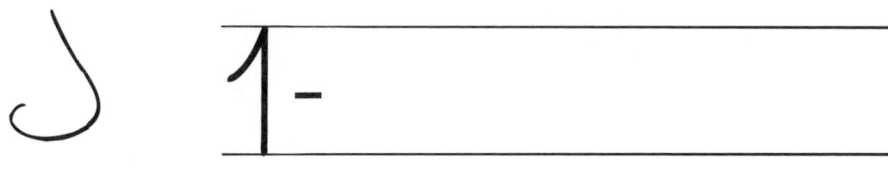

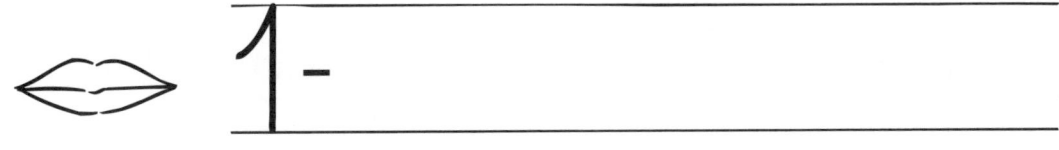

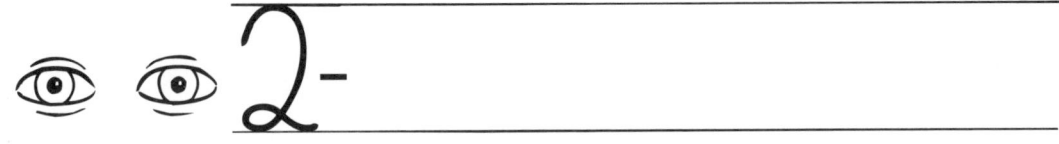

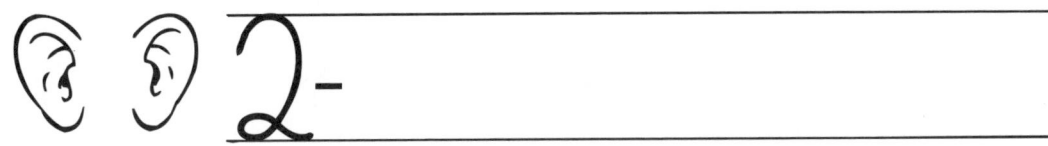

OBJETOS NA MOCHILA

AGORA, PROCURE NO SEU ESTOJO OU NA SUA MOCHILA OBJETOS COM AS MESMAS QUANTIDADES INDICADAS NOS QUADRADOS. EM SEGUIDA, DESENHE O QUE ENCONTROU.

| 1 |

| 2 |

OS NÚMEROS 1 E 2

COMPLETE O ROSTO DO MENINO COM AS PARTES QUE FALTAM.

INDIQUE COM UM "X" AS PARTES QUE FALTAVAM NO DESENHO.

AGORA, ESCREVA QUANTAS DESTAS PARTES
HÁ EM UMA PESSOA.

NÚMERO 3 (TRÊS)

PINTE OS CONJUNTOS EM QUE HÁ 3 OBJETOS.

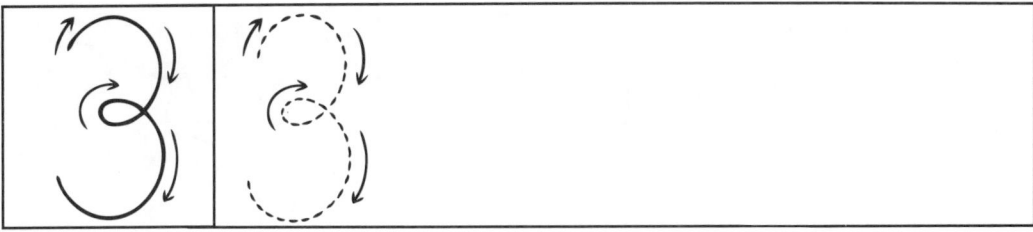

NÚMERO 3 (TRÊS)

3 FLORES

3 FOLHAS

3 ÁRVORES

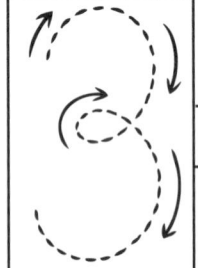

TRÊS

NÚMERO 4 (QUATRO)

4 GATOS

4 PATOS

4 COELHOS

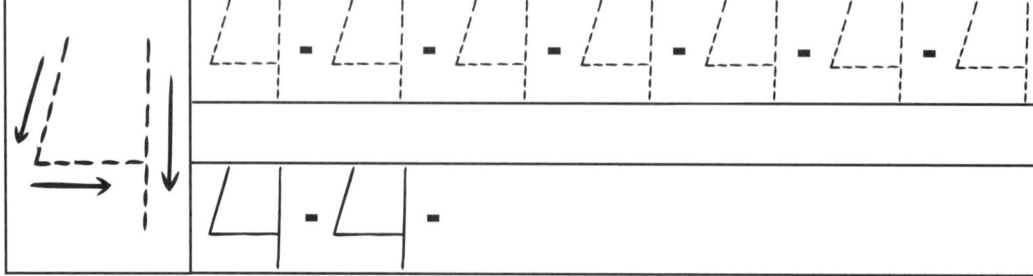

QUATRO

OS NÚMEROS 3 E 4

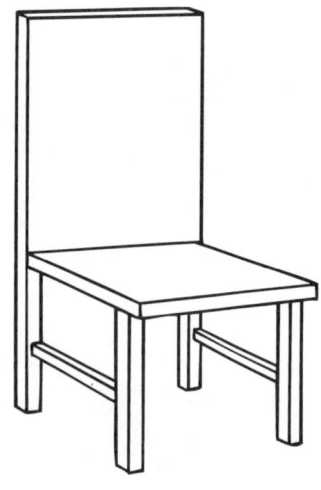

O TREVO TEM 3 FOLHAS.

A CADEIRA TEM 4 PERNAS.

AGORA, ESCREVA OS NÚMEROS INDICADOS NO COMEÇO DE CADA LINHA.

1

2

3

4

NÚMERO 4 (QUATRO)

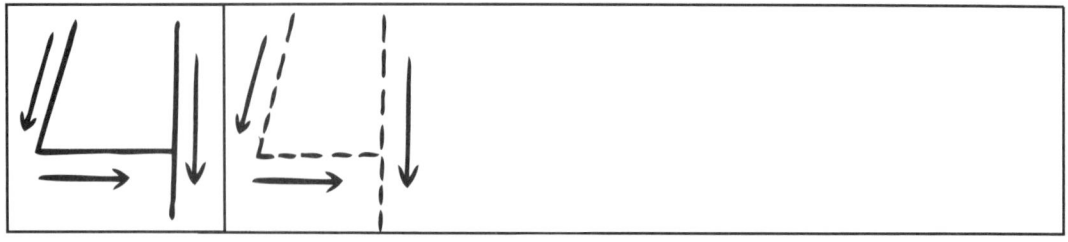

PINTE OS CONJUNTOS EM QUE HÁ 4 INSETOS.

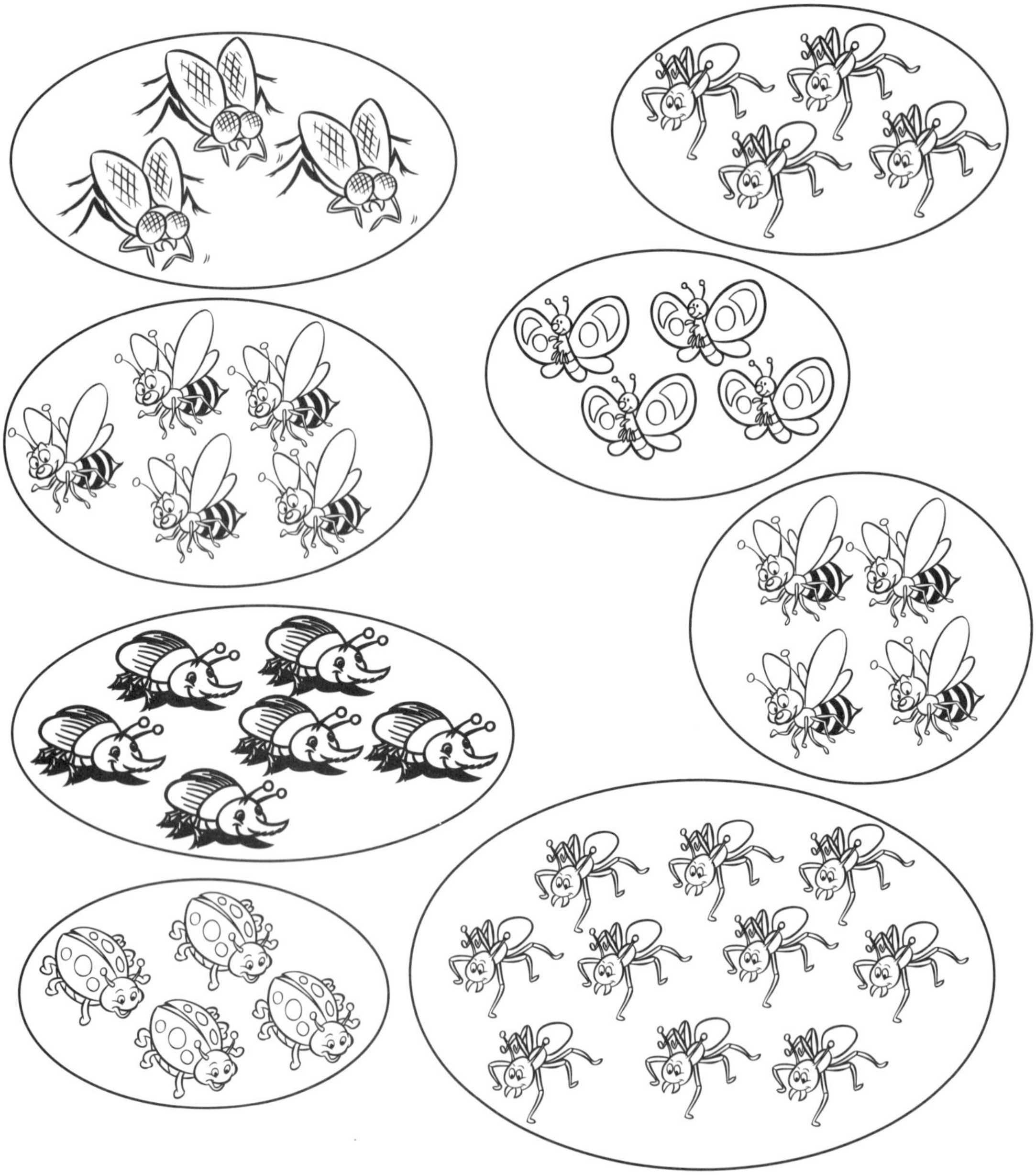

NA HORTINHA

PINTE OS DESENHOS ABAIXO E, DEPOIS, DESENHE-OS NOS CANTEIROS CORRESPONDENTES.

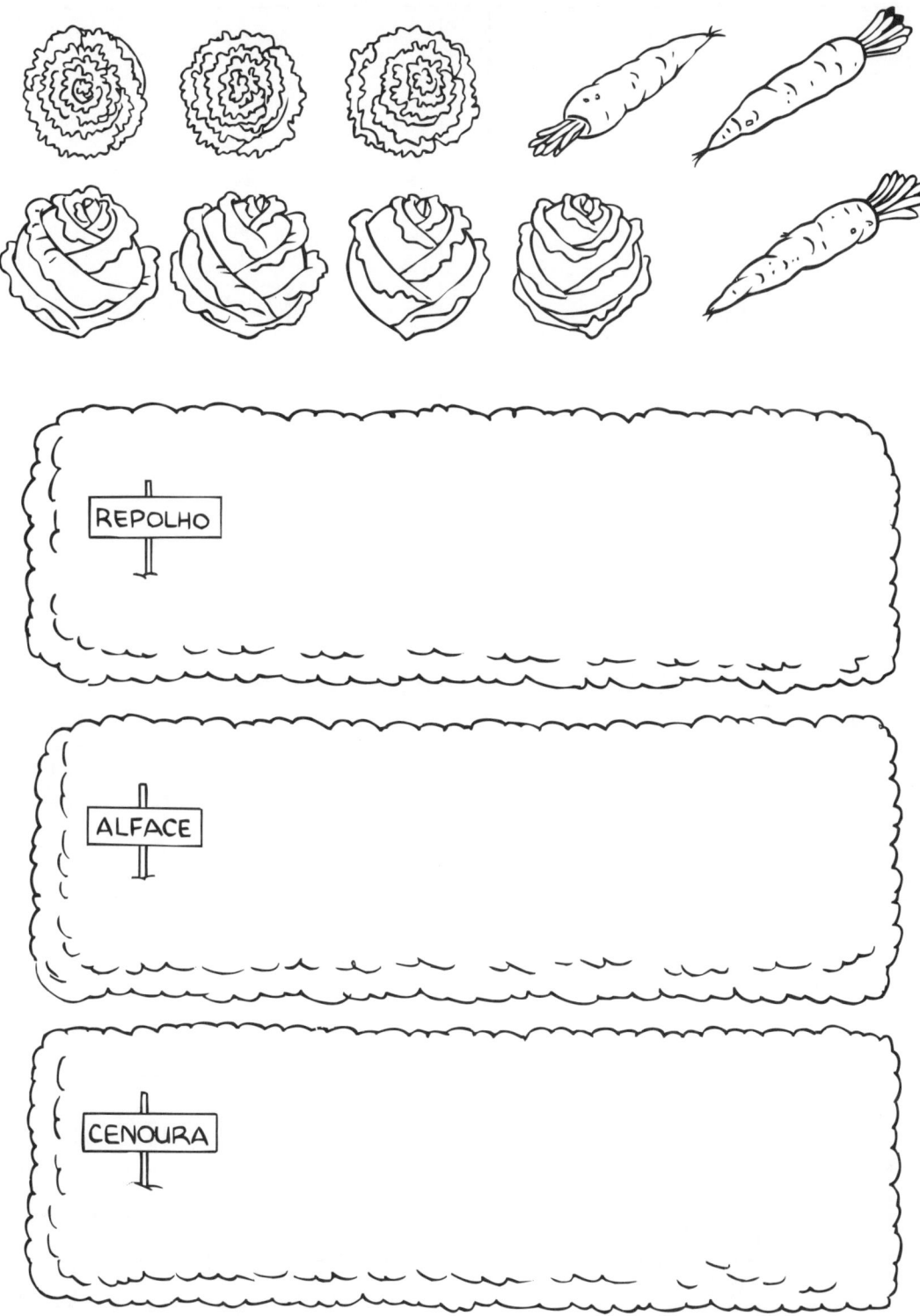

CONJUNTOS DE ELEMENTOS

PROCURE EM JORNAIS OU REVISTAS 2 FIGURAS QUE CONTENHAM 4 ELEMENTOS. EM SEGUIDA, COLE-AS NOS QUADROS A SEGUIR.

PINTANDO OS QUADRINHOS

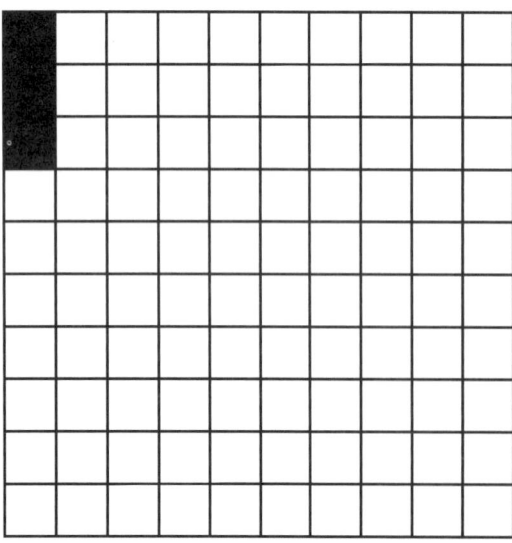
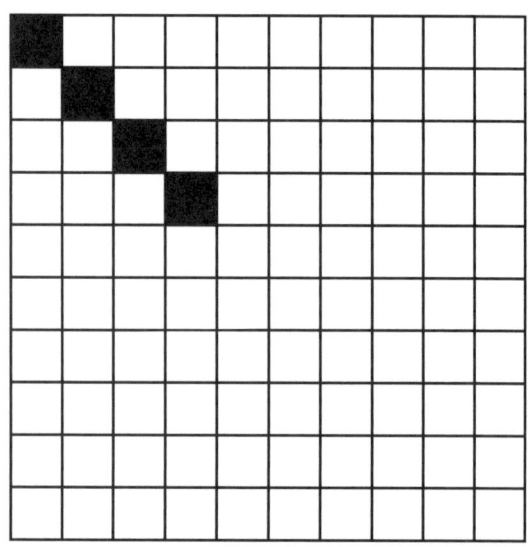

PINTANDO A BORBOLETA

PINTE O DESENHO DE ACORDO COM AS CORES INDICADAS PELOS NÚMEROS.

1	2	3	4
AZUL	VERDE	VERMELHO	AMARELO

NÚMERO 5 (CINCO)

PINTE OS CONJUNTOS EM QUE HÁ 5 BRINQUEDOS.

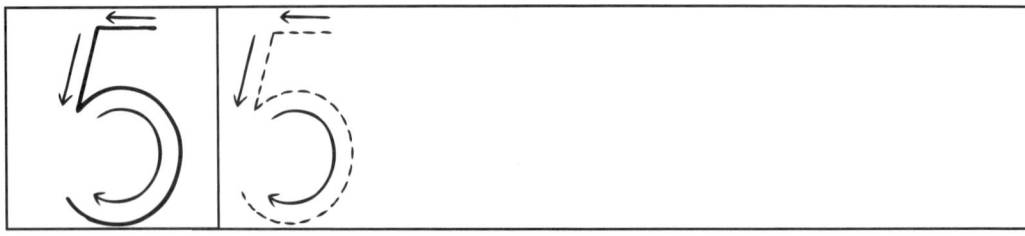

CONJUNTOS DE FLORES

PINTE EM CADA CONJUNTO SOMENTE A QUANTIDADE DE FLORES INDICADA NO QUADRINHO.

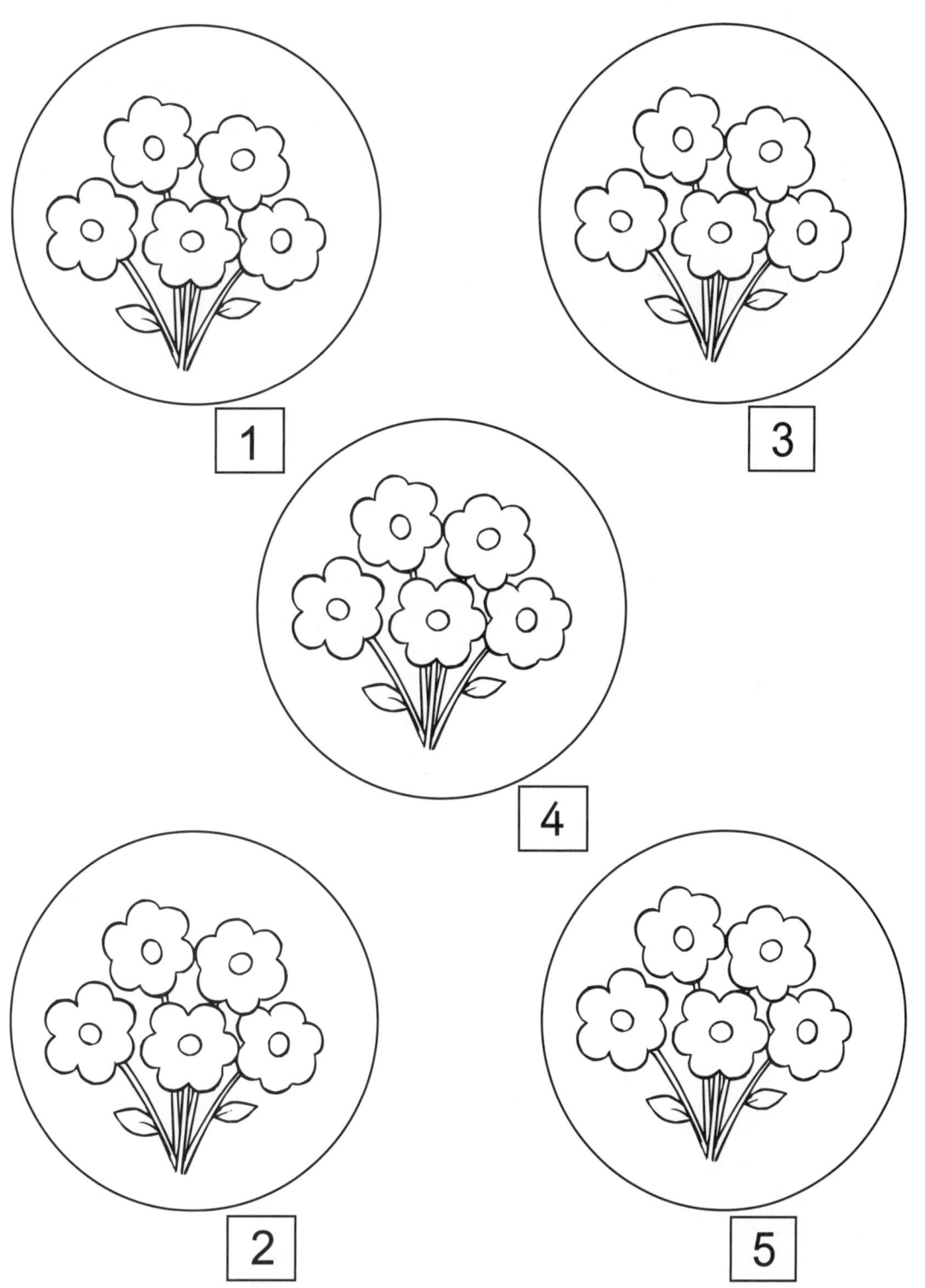

BRINQUEDOS DIVERTIDOS

CONTE QUANTAS UNIDADES DE CADA BRINQUEDO HÁ NO QUADRO A SEGUIR. DEPOIS, PINTE OS QUADRINHOS DAS BARRAS DE ACORDO COM A QUANTIDADE DE CADA BRINQUEDO.

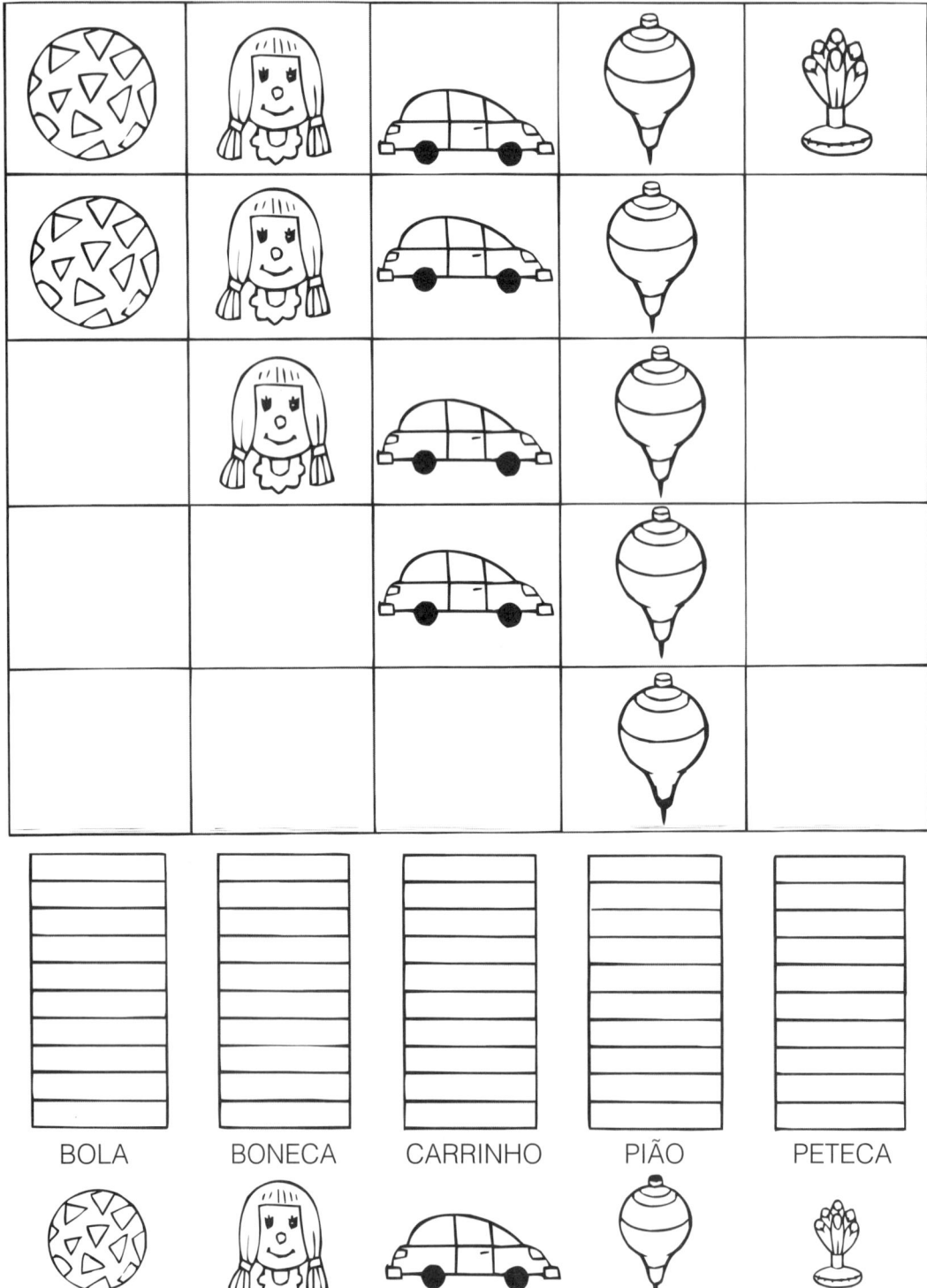

PRATICANDO

CUBRA O TRACEJADO E CONTINUE A ESCREVER OS NÚMEROS.

3
3
TRÊS
três
4
4
QUATRO
quatro
5
5
CINCO
cinco

NÚMERO 5 (CINCO)

5 PATINHOS

5 PASSARINHOS

5 GALINHAS

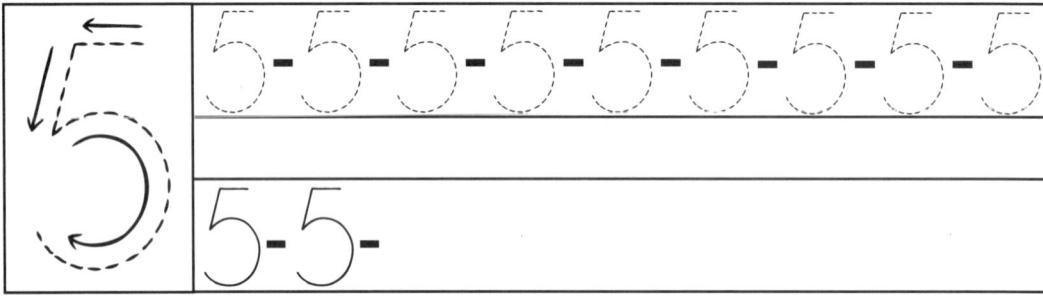
CINCO

NÚMERO 6 (SEIS)

6 FORMIGAS

6 JOANINHAS

6 BORBOLETAS

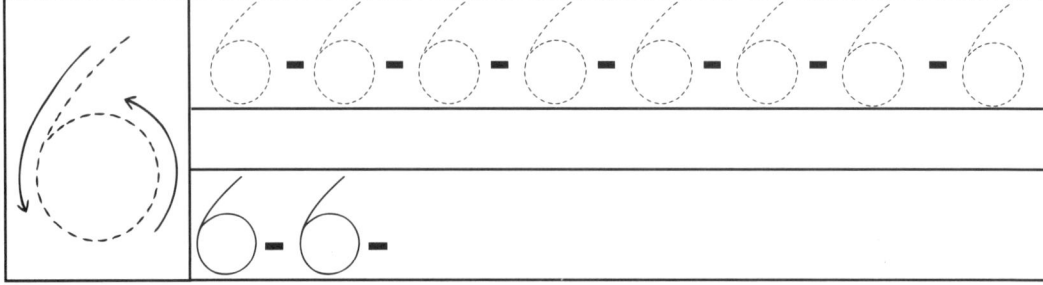
SEIS

NÚMERO 6 (SEIS)

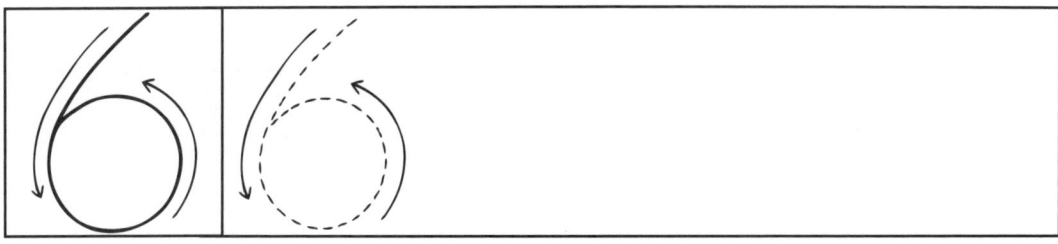

PINTE OS CONJUNTOS EM QUE HÁ 6 DOCES.

OS NÚMEROS 5 E 6

DESENHE O CONTORNO DA SUA MÃO E CONTE QUANTOS DEDOS HÁ NELA.

5

OLHE O DOMINÓ. ELE INDICA O NÚMERO ____.

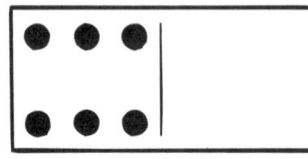

6

COMPLETANDO O JOGO

DESENHE NAS PEÇAS EM BRANCO DO DOMINÓ PARA COMPLETAR O JOGO.

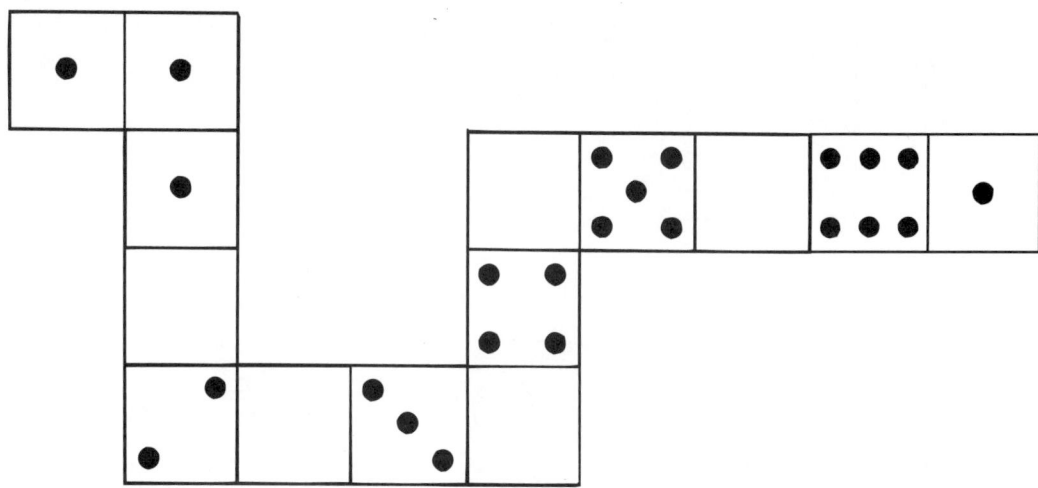

FEIRA SAUDÁVEL

MAMÃE FOI À FEIRA E COMPROU 6 TIPOS DIFERENTES DE FRUTAS. DESENHE O QUE ELA COMPROU DE ACORDO COM A QUANTIDADE INDICADA.

NÚMERO 7 (SETE)

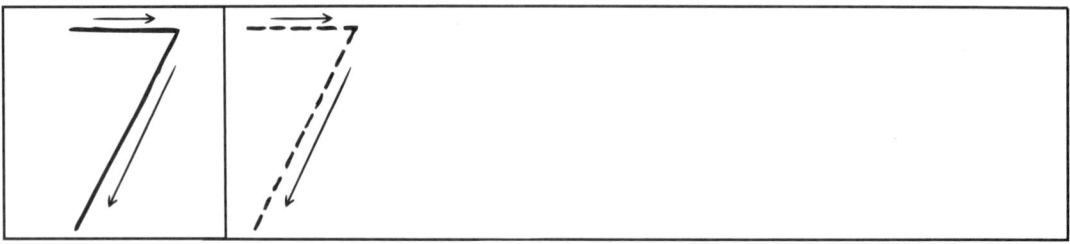

PINTE OS CONJUNTOS EM QUE HÁ 7 FLORES.

FRUTAS VERDES E MADURAS

PINTE DE VERDE AS FRUTAS QUE ESTÃO NA ÁRVORE, E DE LARANJA AS QUE CAÍRAM NO CHÃO.

AGORA, CONTE QUANTAS LARANJAS DE CADA COR HÁ NA CENA E COMPLETE OS QUADROS ABAIXO.

LARANJAS VERDES

LARANJAS MADURAS

NÚMERO 7 (SETE)

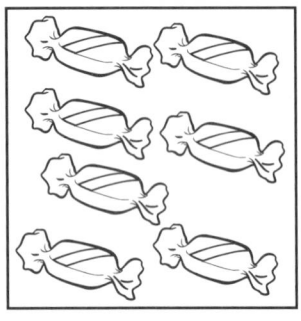
7 BALAS

7 SORVETES

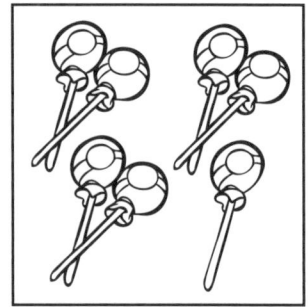
7 PIRULITOS

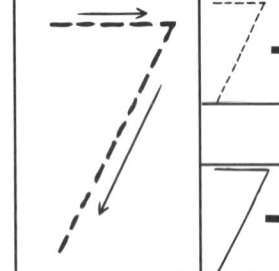
SETE

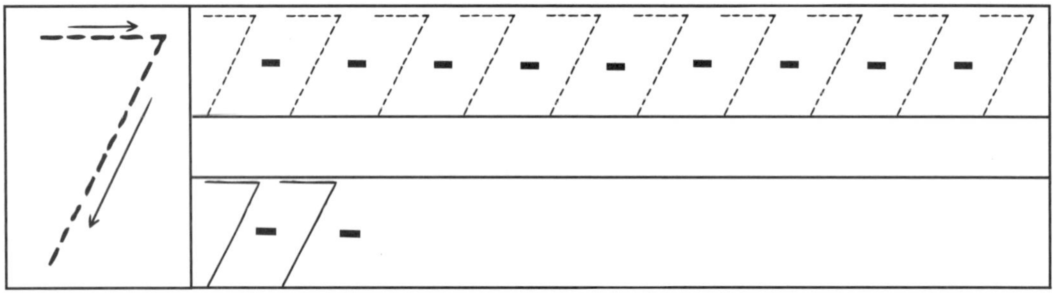

NÚMERO 8 (OITO)

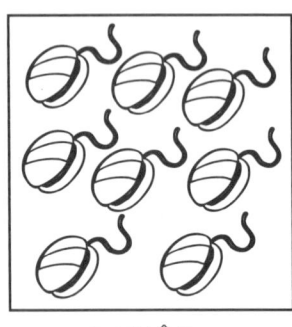
8 IOIÔS

8 PETECAS

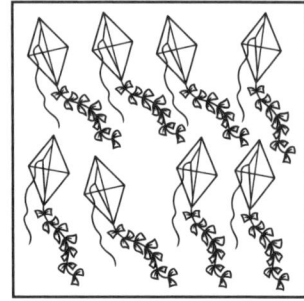
8 PIPAS

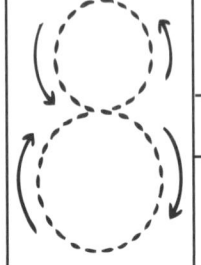

OITO

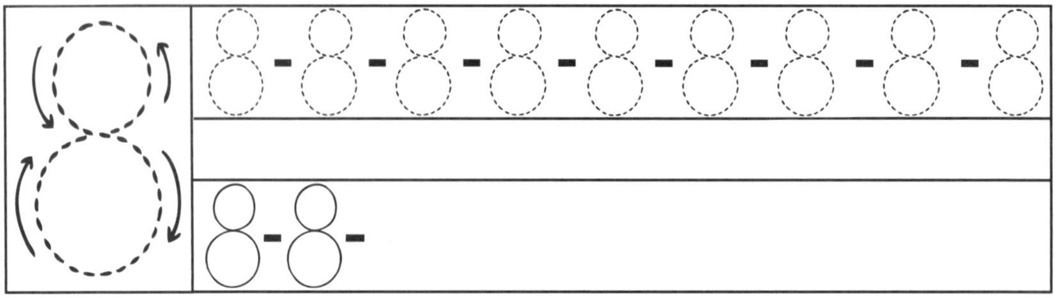

NÚMERO 8 (OITO)

PINTE OS CONJUNTOS EM QUE HÁ 8 ANIMAIS.

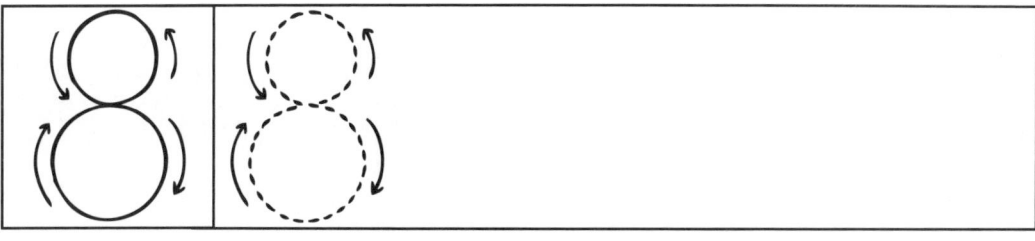

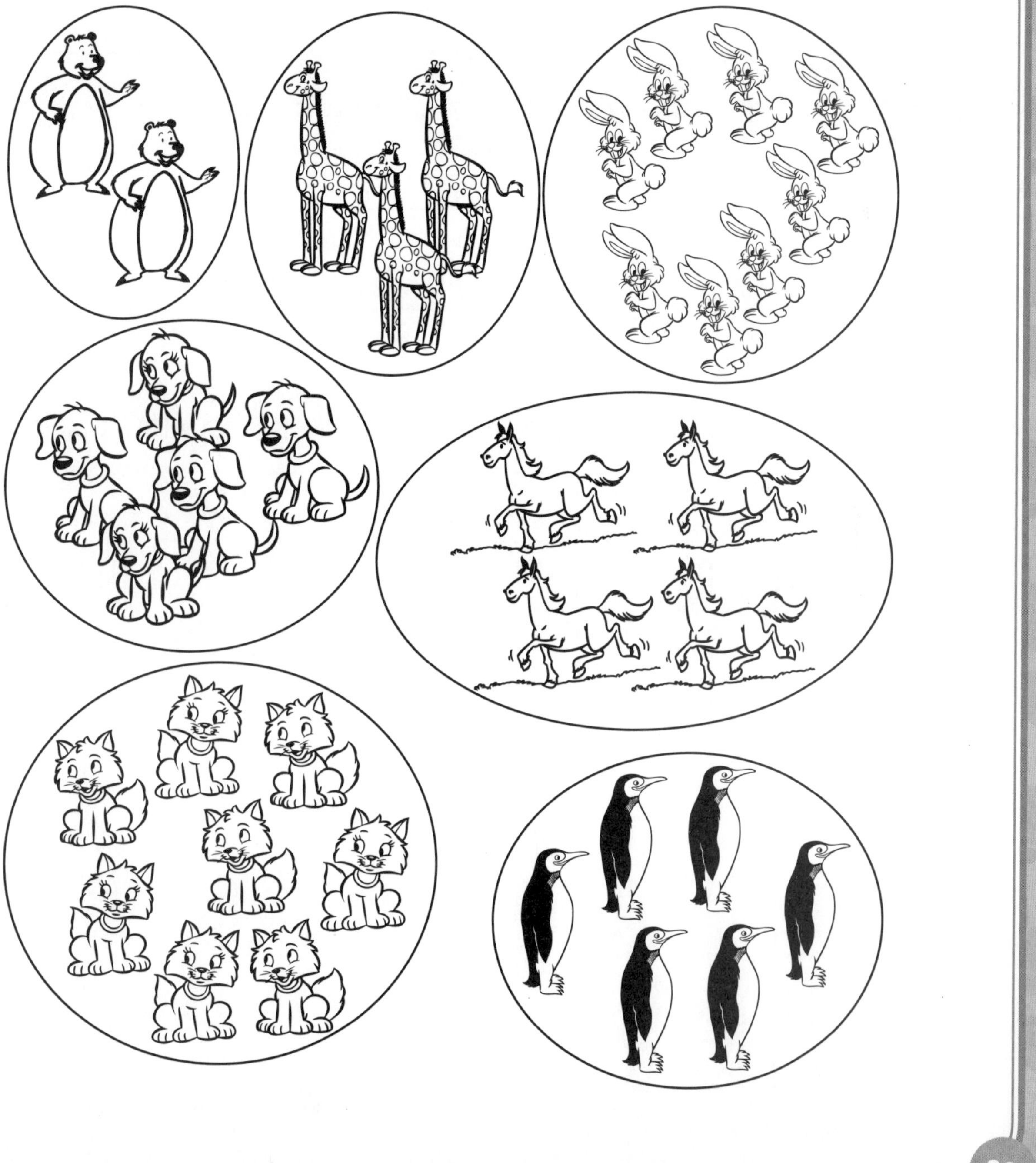

NÚMERO 9 (NOVE)

9 LARANJAS

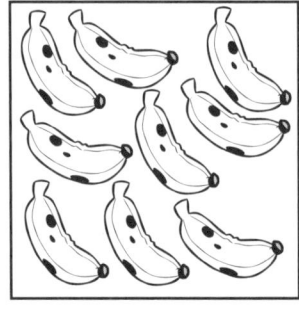
9 BANANAS

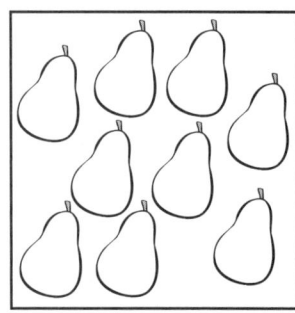
9 PERAS

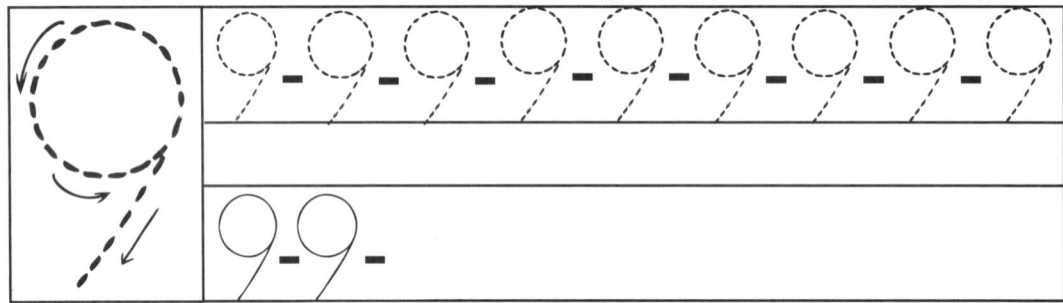
NOVE

PINTE COM CORES DIFERENTES OS QUADRADINHOS DE CADA NÚMERO.

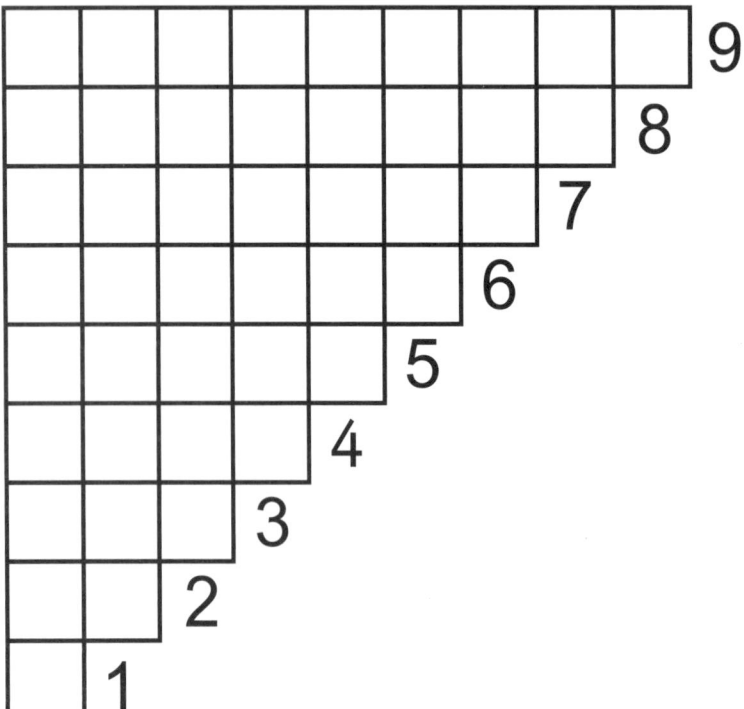

NÚMERO 0 (ZERO)

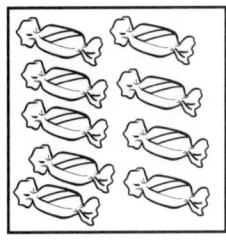 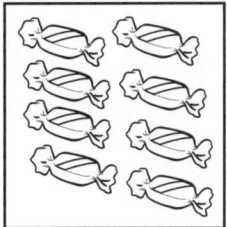 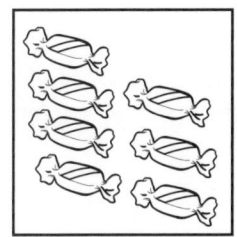 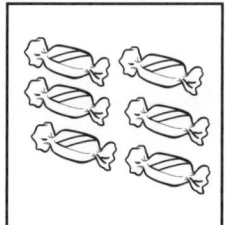

9 BALAS 8 BALAS 7 BALAS 6 BALAS

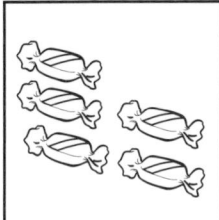 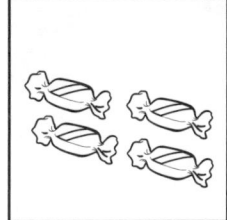 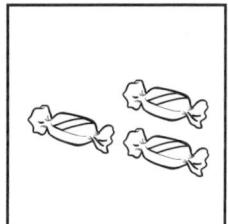

5 BALAS 4 BALAS 3 BALAS

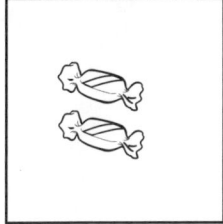 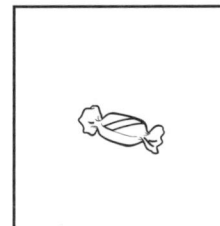 

2 BALAS 1 BALA 0

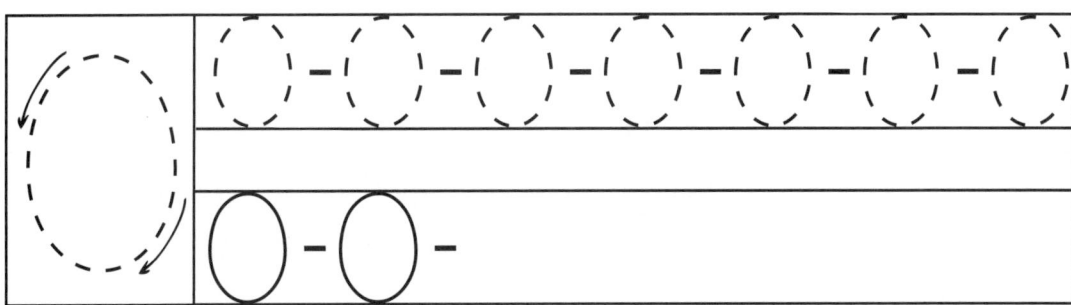

ZERO

JOANINHA

COLOQUE OS NÚMEROS DE 1 A 10 NAS PINTAS DA JOANINHA.

SOMANDO COM O DOMINÓ

SOME OS PONTOS DAS PEÇAS DO DOMINÓ E, EM SEGUIDA, ESCREVA O RESULTADO.

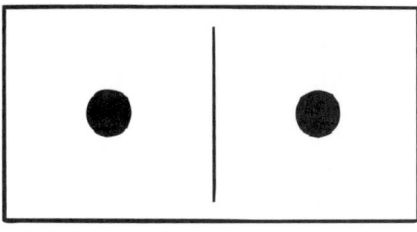

_____

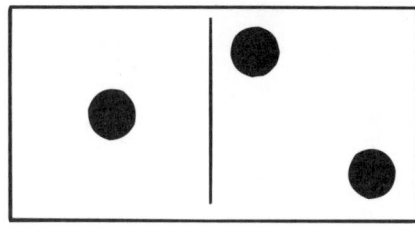

_____

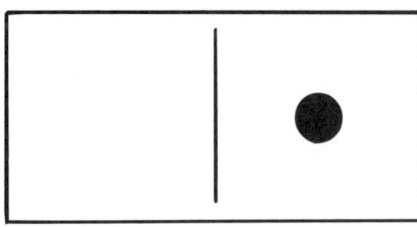

_____

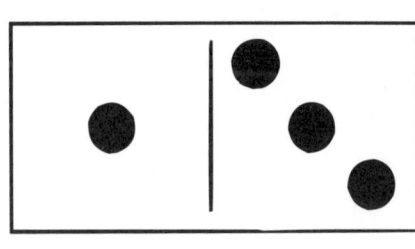

_____

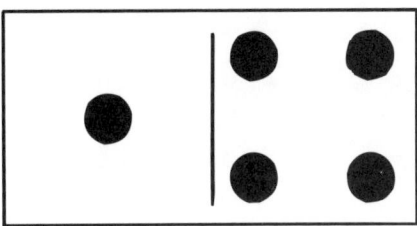

_____

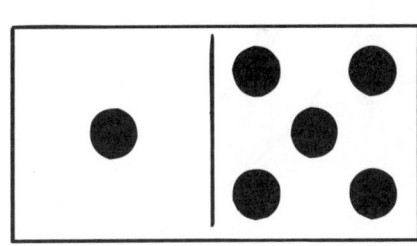

_____

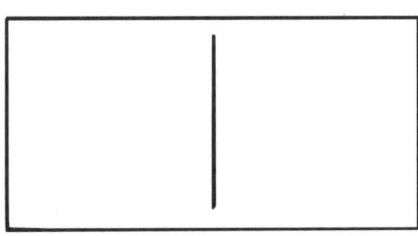

_____

BRINCADEIRA DIVERTIDA

VINÍCIUS FOI A UMA FESTA E BRINCOU DE TIRO AO ALVO.
CALCULE QUANTOS PONTOS ELE FEZ.

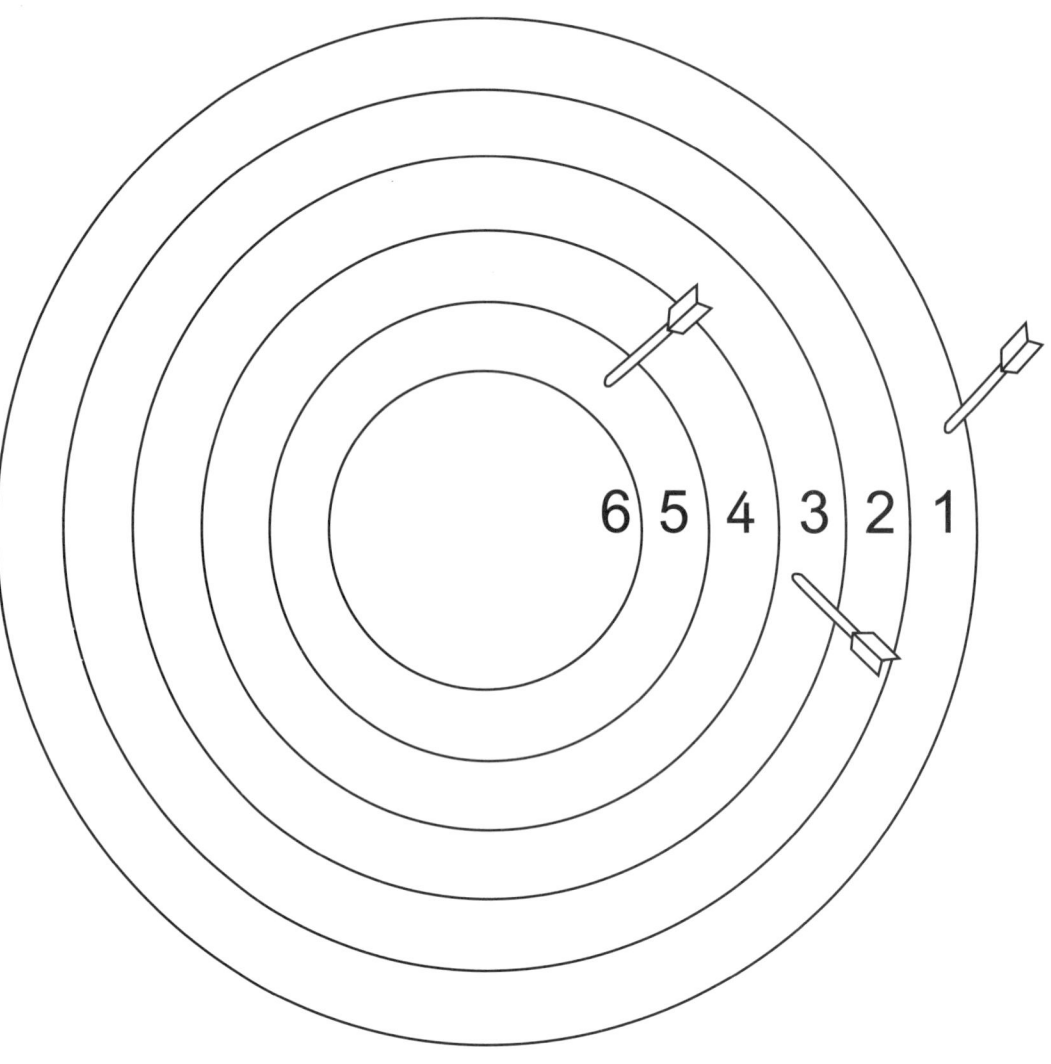

MARQUE OS NÚMEROS QUE VINÍCIUS ACERTOU.

1 ☐ 2 ☐ 3 ☐ 4 ☐ 5 ☐ 6 ☐

NO TOTAL ELE MARCOU ☐ PONTOS.

O CAMINHO CORRETO

PARA AJUDAR O MENINO A CHEGAR EM CASA, ENCONTRE O CAMINHO QUE MOSTRA OS NÚMEROS NA ORDEM CORRETA.

PONTOS MÁGICOS

PINTE APENAS OS ESPAÇOS COM PONTOS E ENCONTRE OS NÚMEROS DE 1 A 10.

A IDADE DAS IRMÃS

OBSERVE A LINHA DO TEMPO DAS IRMÃS ANINHA E PAULA.

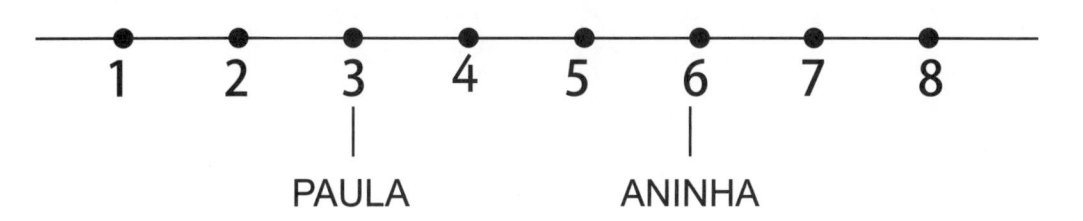

1 2 3 4 5 6 7 8
      | |
    PAULA   ANINHA

AGORA, RESPONDA:

QUEM É A MAIS VELHA?_____
QUANTOS ANOS TEM A IRMÃ MAIS NOVA?_____

QUANTAS PATAS?

UM CACHORRO TEM 4 PATAS. QUANTAS PATAS TÊM 2 CACHORROS?

DOIS CACHORROS TÊM _____ PATAS.

FORMAS GEOMÉTRICAS NO ROBÔ

CONTE QUANTAS FIGURAS GEOMÉTRICAS HÁ NO ROBÔ E ESCREVA A QUANTIDADE DE CADA FIGURA NO LUGAR CORRESPONDENTE.

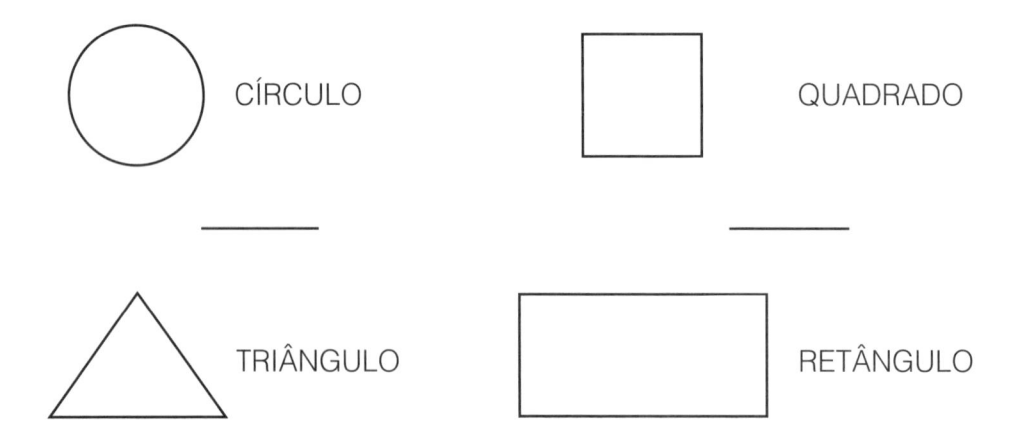

CÍRCULO

QUADRADO

_____

_____

TRIÂNGULO

RETÂNGULO

_____

_____

UMA LINDA CENA

OBSERVE A CENA E RESPONDA.

QUANTAS CASAS HÁ NA CENA?

QUANTAS JANELAS TEM A CASA?

QUANTOS PÁSSAROS HÁ NA CENA?

QUANTAS CRIANÇAS HÁ NA CENA?

QUANTAS ÁRVORES HÁ NA CENA?

PALHAÇOS FELIZES

COMPLETE AS FIGURAS DOS PALHAÇOS PARA QUE CADA UM FIQUE COM 10 BALÕES. DEPOIS, ESCREVA QUANTOS BALÕES FALTAVAM PARA COMPLETAR 10.

FALTAVAM ☐ BALÕES.   FALTAVAM ☐ BALÕES.

O CALDEIRÃO DA BRUXA

QUANTAS FIGURAS DE CADA HÁ NO DESENHO ACIMA?
ESCREVA O RESULTADO NOS QUADRADOS CORRESPONDENTES.

FESTA DE ANIVERSÁRIO

VEJA A FOTO DE ANIVERSÁRIO DE BRUNO E RESPONDA ÀS PERGUNTAS.

QUANTOS ANOS BRUNO FEZ? ☐

QUANTOS CHAPÉUS HÁ NA MESA? ☐

QUANTOS BOLOS HÁ NA FESTA? ☐

QUANTOS ADULTOS HÁ NA FESTA? ☐

QUANTAS CRIANÇAS FORAM À FESTA? ☐

QUANTOS PRESENTES BRUNO GANHOU? ☐

ARRUMANDO A MESA

JUCA, O PAPAI, A MAMÃE E O IRMÃO DELE VÃO ALMOÇAR. CHEGOU UM AMIGO DO PAPAI QUE TAMBÉM VAI COMER COM ELES. ARRUME A MESA PARA ESSE ALMOÇO.

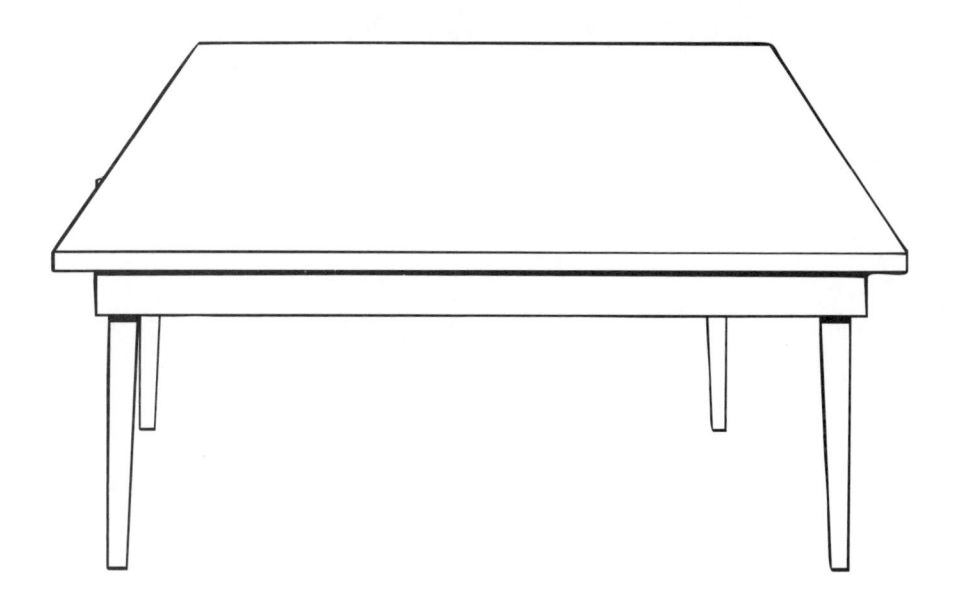

ESCREVA QUANTOS ITENS DE CADA VOCÊ VAI USAR PARA ARRUMAR A MESA.

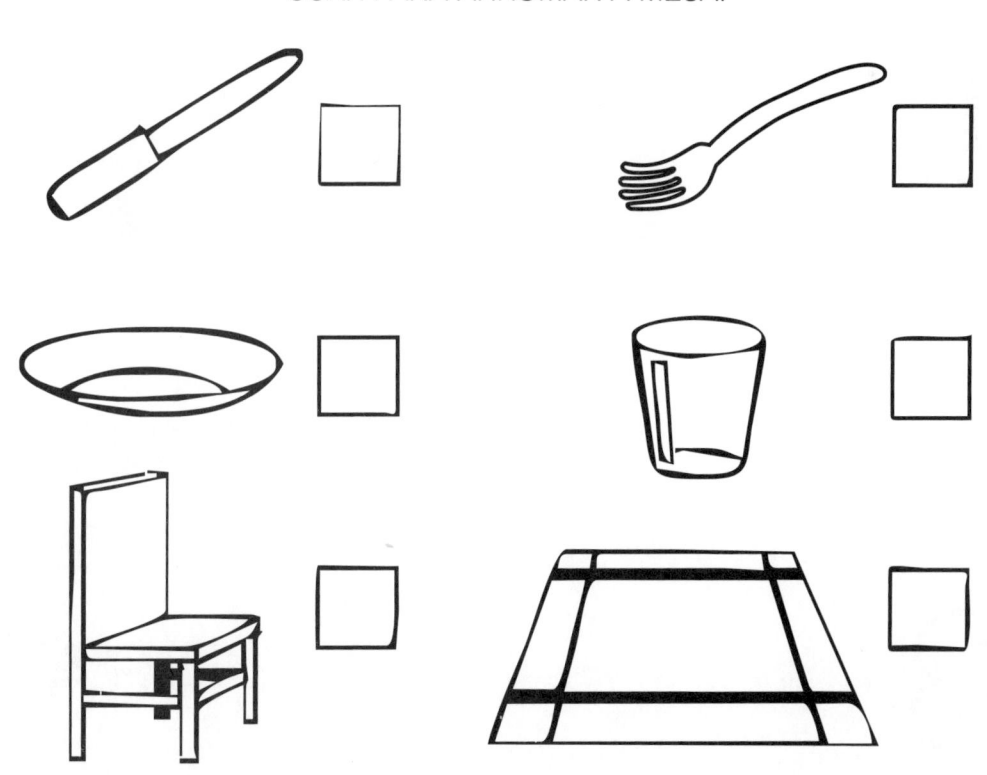

LIGANDO NÚMEROS E LETRAS

AGORA, LIGUE OS NÚMEROS À QUANTIDADE DE LETRAS CORRESPONDENTES.

9

4   OI

7   CARRO

5   OVO

2   LARANJA

3   BERINJELA

         RATO

LIVROS DA SEMANA

ENUMERE OS LIVROS DE ACORDO COM A ORDEM DOS DIAS DA SEMANA.

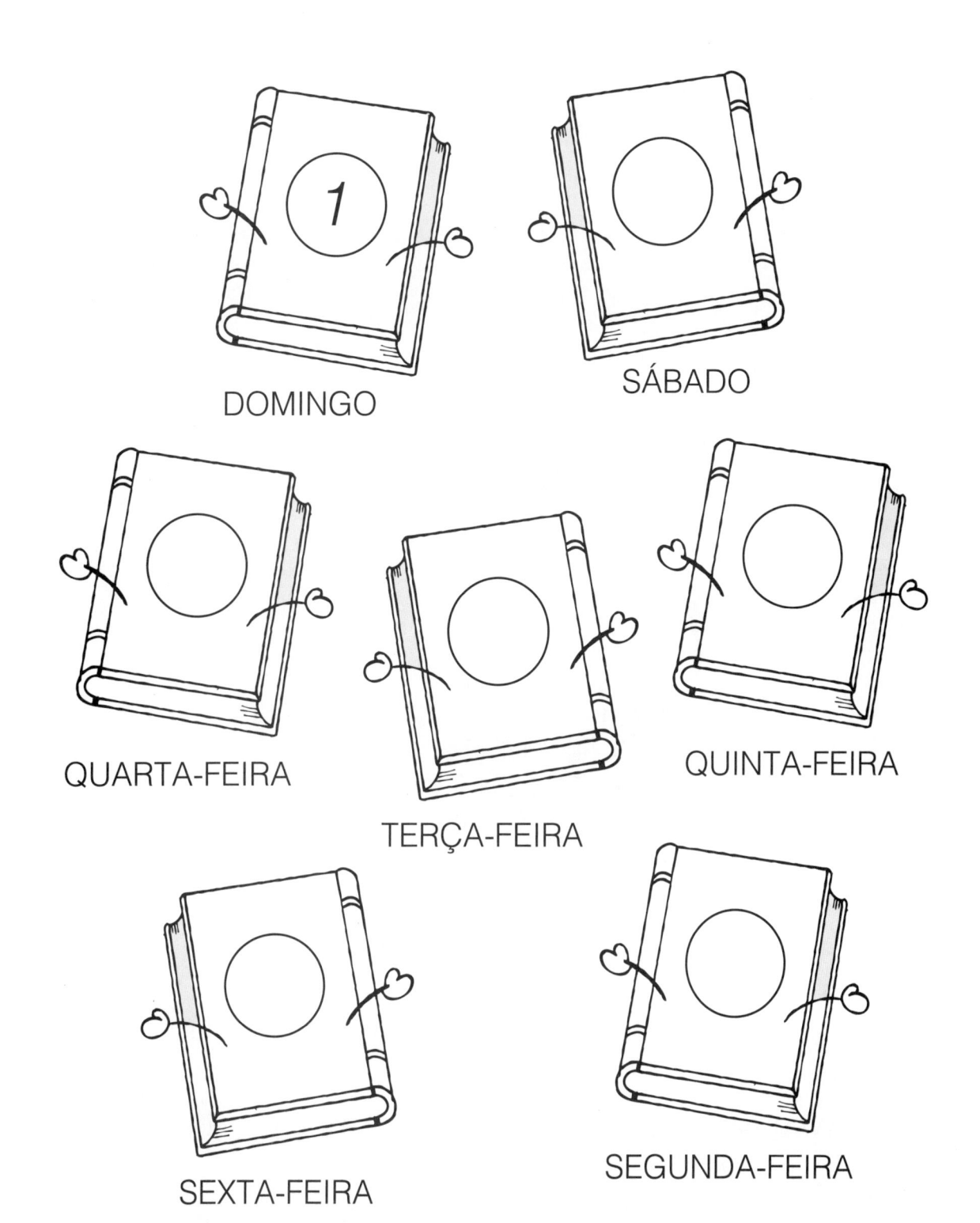

DOMINGO

SÁBADO

QUARTA-FEIRA

TERÇA-FEIRA

QUINTA-FEIRA

SEXTA-FEIRA

SEGUNDA-FEIRA

COMPLETE A IMAGEM

PARA COMPLETAR A IMAGEM, DESENHE AS PARTES DO CORPO QUE ESTÃO FALTANDO. DEPOIS, PINTE O DESENHO.

ESTAVAM FALTANDO _____ BRAÇOS, _____ CABEÇA, _____ OLHOS, _____ ORELHAS, _____ BOCA, _____ NARIZ, _____ CABELO.

PINTANDO OS NÚMEROS

PINTE SOMENTE OS NÚMEROS.

7	○	D	B	3
6	A	9	E	▭
C	8	△	2	0
▢	F	4	5	1

QUANTOS NÚMEROS VOCÊ PINTOU? _____.

QUAL NUMERAL INDICA A SUA IDADE? _____.

QUANTOS ANOS VOCÊ TEM?

DESENHE NO BOLO DE ANIVERSÁRIO A QUANTIDADE DE VELAS QUE INDICA QUANTOS ANOS VOCÊ TEM.

BOLINHAS DE PAPEL

NA FRENTE DE CADA NÚMERO, COLE A QUANTIDADE CORRESPONDENTE DE BOLINHAS DE PAPEL.

0

1

2

3

4

5

6

7

8

9

10

QUANTAS BOLINHAS DE PAPEL VOCÊ COLOU NO TOTAL? _____.